I0815296

TODO *lo que* TIENES QUE SABER *sobre* SEXUALIDAD

DRA. MIRIAM AL ADIB MENDIRI

TODO *lo que* TIENES QUE SABER *sobre* SEXUALIDAD

Y OTRAS COSAS QUE NO TE CUENTAN EN CLASE

MOLINO

Papel certificado por el Forest Stewardship Council®

Primera edición: marzo de 2025

Printed in Spain – Impreso en España

ISBN: 978-84-272-4279-1
Depósito legal: B-627-2025

Compuesto por redoble.studio
Impreso en Huertas Industrias Gráficas, S.A.
Fuenlabrada (Madrid)

MO42791

A mis queridas hijas, Nur, Lola, Martina y Carlota, y a todos los niños, niñas y adolescentes. Espero que en estas páginas encontréis la confianza y la información que necesitáis para vivir vuestras vidas de manera auténtica y libre. ¡Recordad que lo que aprendáis ahora os ayudará a ser quienes queráis ser!

ÍNDICE

INTRO–
DUCCIÓN

La sexualidad nos acompaña toda la vida, desde que nacemos hasta que morimos. Sí, como lo oyes. Nuestra existencia empieza en el útero materno, tras la unión de un óvulo y un espermatozoide (esto seguro que sí te lo han contado, ¿verdad?). Nacemos con un sistema reproductor determinado que comienza a cambiar con la adolescencia y que madura por completo cuando llegamos a la edad adulta.

Tenemos además hormonas sexuales que también cambian en las diferentes etapas de nuestras vidas y que desempeñan un papel crucial en nuestra salud física y mental.

Como ves, miremos por donde miremos, los seres humanos somos seres sexuados. ¿Y eso qué significa? Pues, para empezar, que no somos robots. Que tenemos emociones, que necesitamos afecto y también crear vínculos y relacionarnos con los demás.

Por eso hablamos de educación sexoafectiva, porque, desde mi punto de vista, no es posible separar los afectos de la sexualidad humana.

Y, antes de seguir, déjame decirte una última cosa: me emociona muchísimo estar escribiendo este libro. ¿Sabes por qué?

Porque es el libro sobre sexualidad que me hubiera gustado leer a tu edad.

Así que prepárate para este viaje en el que hablaremos de todo lo que debes saber sobre sexualidad y nadie te ha contado.

¿Lo he adivinado?

BLA, BLA, BLA...

1

EDUCACIÓN SEXUAL Y EDUCACIÓN SEXOAFECTIVA

¿Para qué sirve la educación sexoafectiva? Esta pregunta es fácil de responder. Básicamente, para proteger los derechos sexuales y reproductivos de las personas. Es decir, para que todos, al margen de la edad que tengamos, podamos vivir seguros en un mundo libre de coacción y violencia.

Esta frase nos la deberíamos grabar a fuego.

No olvides nunca que todas las personas tienen derecho a vivir libres de violencia y de cualquier práctica que busque dominar su cuerpo y su sexualidad.

Abusar de otro cuerpo o almacenar en un móvil contenido íntimo de otra persona que no ha dado su consentimiento son delitos que atentan gravemente contra los derechos humanos y siempre deberían castigarse.

LA REPRODUCCIÓN SOLO ES UNA PARTE DE LA SEXUALIDAD HUMANA

Si no existiera la reproducción, nos habríamos extinguido hace miles de años. A diferencia de los animales, las personas podemos tomar la decisión consciente de reproducirnos; es decir, aun manteniendo relaciones sexuales, podemos decidir si queremos o no tener un bebé, y, en caso de que decidamos tenerlo, podemos planificar cuándo. Para evitar embarazos no deseados cuando se mantienen relaciones sexuales, existen varios métodos anticonceptivos (te cuento más en los próximos capítulos), pero hasta que no tengamos una pareja estable debemos apostar siempre por el preservativo. ¿Por qué? Porque este método no solo previene los embarazos, sino que también disminuye el riesgo de infecciones de transmisión sexual.

Todos los seres humanos procedemos de la unión de dos células (un óvulo y un espermatozoide) que intercambian entre sí millones de genes y dan lugar a un ser humano único e irrepetible.

Para que el embarazo tenga lugar, el pene debe depositar el semen en la vagina durante el coito. El semen es un líquido que contiene millones de espermatozoides, pero solo uno de ellos conseguirá unirse al óvulo en la trompa uterina. En esta unión se forma el huevo, o zigoto, que cae en la cavidad uterina y comienza a desarrollarse hasta transformarse en un feto. Una vez que haya madurado, y cuando esté todo listo, ese feto será el bebé que abandona el útero materno, normalmente a través de la vagina (parto vaginal), pero, en ocasiones, cuando hay algún problema, gracias a una operación abdominal llamada cesárea.

A veces, cuando una pareja tiene dificultades para lograr un embarazo, puede recurrir a la reproducción asistida. En este caso, no hay relación sexual, pero sí unión entre estas dos células, y ¡mucho amor por parte de las personas que decidieron que ese bebé tenía que venir a este mundo!

LA SEXUALIDAD NOS ACOMPAÑA DESDE QUE NACEMOS

A diferencia de otros seres vivos, los humanos necesitamos mucho amor para poder vivir. Hay animales que podrían sobrevivir sin su madre incluso recién nacidos: les basta con la comida para vivir y desarrollarse.

Los seres humanos, en cambio, somos seres altriciales, es decir, que al nacer dependemos al 100 % de que nos cuiden, somos incapaces de vivir solos y no nos basta con que nos alimenten sin más. Cuando somos bebés necesitamos que nos estén cuidando todo el tiempo, necesitamos que nos acunen, que nos acurruquen y que nos den mucho cariño para poder sentirnos seguros y crecer sanos.

Hay una hormona, la oxitocina, que se conoce como la hormona del amor.

Se libera cuando nos sentimos en conexión con el amor en cualquiera de sus formas. Lo bueno de la oxitocina es que tiene muchos efectos colaterales que son muy beneficiosos para la salud: mejora nuestro sistema inmunológico, nos mantiene en calma y, sobre todo, si está muy presente durante la crianza cuando somos bebés, no solo mejorará nuestra salud física, sino que también beneficiará el desarrollo de nuestro cerebro. Durante el parto, esta hormona produce contracciones en el útero y, cuando llega el momento del nacimiento, tanto el cerebro de la madre como el del bebé tienen altos niveles de oxitocina;

esto es muy importante para crear vínculo entre la madre y su criatura en los primeros momentos. Después, esta hormona sigue subiendo con las caricias, la lactancia materna y el contacto piel con piel (esos momentos en los que la madre y su bebé están acurrucaditos sin ropa de por medio).

Si de bebés no disfrutamos de una crianza amorosa y en lugar de oxitocina segregamos todo el tiempo cortisol, la hormona contraria (la del miedo y el estrés), puede que el desarrollo de nuestro cerebro quede afectado negativamente. Los malos tratos en los niños dejan huellas en el cerebro que ponen trabas a la hora de desarrollar todo su potencial y establecer vínculos sanos con los demás.

Por eso la educación sexoafectiva realmente se inicia cuando nacemos.

Las caricias, los abrazos, atender todas las necesidades físicas y afectivas del bebé es esencial para que crezca sano y seguro, y también para que pueda gozar de una sexualidad saludable en la vida adulta.

¿QUÉ SON LOS VÍNCULOS SANOS Y CÓMO NOS AFECTAN A LO LARGO DE NUESTRA VIDA?

De bebés, el vínculo más importante es el que tenemos con la persona que nos cuida todo el tiempo, en la mayoría de los casos nuestra madre, ya sea biológica o adoptiva. Con esa persona, vital en nuestra primera etapa, desarrollaremos un vínculo o apego.

Con el tiempo nos iremos relacionando con el resto de los miembros de la familia y amigos, y, al llegar la adolescencia, empezaremos a interesarnos por las relaciones de amistad, de grupo, y también románticas.

Pero ¿qué tipos de apego hay? ¿Es cierto que influirán a medida que crezcamos?

1. **APEGO SEGURO:** si en los primeros tiempos el niño tiene este tipo de apego, se sentirá seguro y confiado porque sabrá que sus necesidades emocionales serán atendidas. La figura de apego, normalmente la madre, está siempre presente y el bebé sabe que la tendrá cuando la necesite. De esta forma, el cerebro desarrollará todo su potencial y, cuando el niño crezca y se haga mayor, será una persona adulta con más capacidad para mantener relaciones saludables, iguales y respetuosas, en las que no haya ni dominación ni sumisión (no querrá ni dominar ni dejarse dominar por la otra persona). Y si las cosas no van bien, se sabrá tomar decisiones maduras y, en caso de que sea necesario, la relación se dejará sin que se causen daños emocionales importantes para ninguna de las dos personas.

---

2. **APEGO ANSIOSO:** ahora piensa en un niño que se siente inseguro y vive constantemente con el miedo de que su madre lo abandone en algún momento. Cuando crezca, es muy probable que tenga relaciones ansiosas. Con la pareja se sentirá celoso y desconfiado. Necesitará constantes muestras de amor porque temerá que su pareja se enamore de otra persona y lo deje. Cuando haya algún problema o aflore cualquier diferencia con la pareja, tenderá a estar constantemente preocupado, enfadado y pedirá explicaciones.

---

3. **APEGO EVITATIVO:** imagina ahora a otro niño que, por miedo al abandono, se protege con una coraza emocional. Cuando su madre se va, él actúa como si no le importase, pero en realidad lo que ocurre es que ha aprendido a relacionarse de esta manera: no se vincula por temor. Cuando sea mayor y tenga pareja, evitará el compromiso y la intimidad. Necesitará espacio y no le gustará sentirse agobiado. Esto, sin embargo, no significa que no quiera a la otra persona; simplemente ha aprendido a relacionarse de esta forma. Cuando haya algún problema o aflore cualquier diferencia con la pareja, siempre tenderá a evitar hablar de ello y adoptará una actitud evitativa ante cualquier desacuerdo porque discutir le pondrá muy nervioso.

También existe un tipo de apego inseguro denominado APEGO DESORGANIZADO. Este da pie a relaciones de amor-odio, temor al abandono y también a la intimidad. Son relaciones muy conflictivas e inestables.

Seguro que te sientes identificado con alguno de los apegos que te acabo de explicar. Pero, ojo, no te autodiagnostiques: casi nadie desarrolla un apego seguro perfecto. Eso sí, si sientes que realmente tienes problemas, puedes acudir a profesionales que te ayuden a saber qué te ocurre y a sacar todo tu potencial.

Como has podido ver, las emociones y las relaciones que establecemos desde que nacemos son claves para nuestro desarrollo posterior.

¿Verdad que ahora le encuentras el sentido a hablar de educación afectiva antes de abordar la educación sexual?

2

PERO ¿QUÉ ME ESTÁ PASANDO?

NUESTRO CUERPO

Empezaremos hablando de uno de los grandes protagonistas de esta historia: nuestro cuerpo. No todos los cuerpos son iguales. Vamos a echar un vistazo a los órganos reproductores femeninos y masculinos:

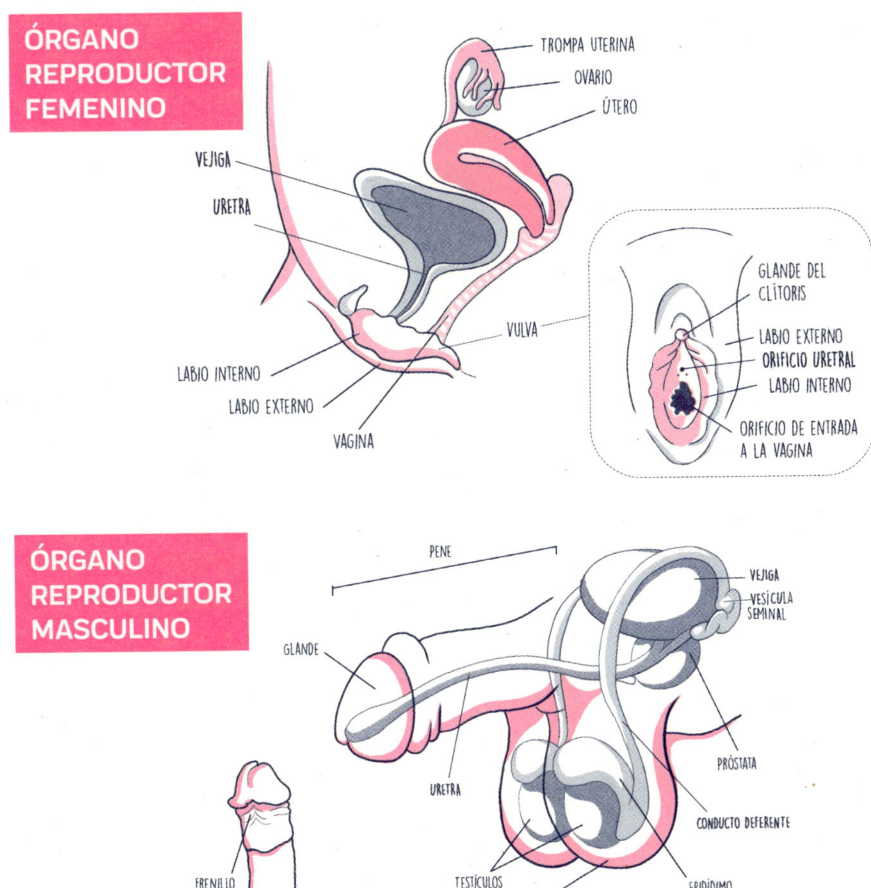

ANATOMÍA DE LA REPRODUCCIÓN

El aparato reproductor femenino: los ovarios liberan un óvulo cada mes. Si se encuentra con espermatozoides en la trompa, cabe la posibilidad de que uno de ellos lo fecunde. Cuando esto ocurre, se forma el huevo, o zigoto, que cae en la cavidad uterina, donde irá desarrollándose hasta dar lugar al futuro bebé.

En la vulva se encuentra el glande del clítoris, una estructura con muchísimas terminaciones nerviosas destinada al placer. La parte interna del clítoris es mucho más grande que la visible y se abre en dos ramas que rodean la cara anterior de la vagina. Durante la excitación, los bulbos del clítoris se llenan de sangre, como les ocurre a los cuerpos cavernosos del pene. Aunque parezca increíble, hace apenas nada que se descubrió la estructura completa de la parte interior del clítoris.

El aparato reproductor masculino: en los testículos se fabrican los espermatozoides, que, durante el coito, con la eyaculación, salen a través del pene (en la eyaculación se expulsa el semen, el líquido que contiene los espermatozoides). Para mantener un coito, el pene tiene que estar en erección. ¿Y esto cómo se consigue? Con la excitación, los cuerpos cavernosos que hay en el interior del pene se llenan de sangre y, como consecuencia, el pene aumenta de tamaño y se mantiene en posición erecta.

LAS ETAPAS DE LA VIDA DE UN SER HUMANO

Es alucinante lo mucho que cambia el cuerpo a lo largo de la vida. Bueno, no solo el cuerpo. Seguro que habrás notado que tus intereses han ido variando a medida que has ido creciendo, ¿verdad? También la manera de relacionarte con los demás, tu sexualidad y la forma de ver el mundo.

Podemos distinguir cuatro etapas en la vida reproductiva de cualquier ser humano:

Las cuatro etapas en la vida reproductiva de cualquier ser humano

1. **INFANCIA:** durante la infancia, todos los seres humanos crecen muy rápido, sea cual sea su sexo. Durante esta etapa aprenden, empiezan a ir a la escuela. Es un periodo de mucho aprendizaje, juego y descubrimiento.

2. **PUBERTAD:** se trata de una etapa de grandes cambios físicos y psíquicos que culmina con la edad fértil, aquella en la que los órganos sexuales han madurado lo suficiente para poder concebir hijos. En la pubertad comienzan a madurar los órganos sexuales y, gracias a la producción de las hormonas sexuales, se desarrollan los caracteres sexuales. No todas las personas entran en la pubertad a la misma edad; de hecho, las niñas comienzan esta etapa un poco antes que los niños.
   NIÑAS: acostumbran a empezar a experimentar cambios entre los 8 y los 10 años.
   NIÑOS: suelen entrar en la pubertad entre los 10 y los 14 años.

3. **EDAD FÉRTIL:** en esta época, los órganos sexuales ya están maduros y pueden concebirse hijos. Esta etapa empieza cuando se completan todos los cambios que comenzaron a producirse en la pubertad y finaliza cuando ya no podemos tener bebés.
   MUJERES: las mujeres pueden tener hijos durante esta etapa. Su cuerpo produce óvulos y los ciclos menstruales son regulares.

HOMBRES: los hombres pueden tener hijos durante esta etapa. Su cuerpo produce espermatozoides, que son necesarios para la reproducción.

4. **EDAD NO FÉRTIL:** en esta etapa ya no se pueden tener bebés; en el caso de las mujeres, porque no producen óvulos y, en el de los hombres, porque ya no producen espermatozoides.

MUJERES: las mujeres alcanzan esta edad cuando dejan de tener la menstruación y entran en lo que llamamos menopausia. Esto acostumbra a ocurrir cuando tienen entre 45 y 55 años, y, a partir de ese momento, ya no pueden tener hijos.

HOMBRES: aunque los hombres pueden seguir siendo fértiles durante mucho más tiempo que las mujeres, su capacidad para tener hijos también irá disminuyendo con la edad, pero lo hará de forma más gradual: el semen contendrá cada vez menos espermatozoides y de menor calidad.

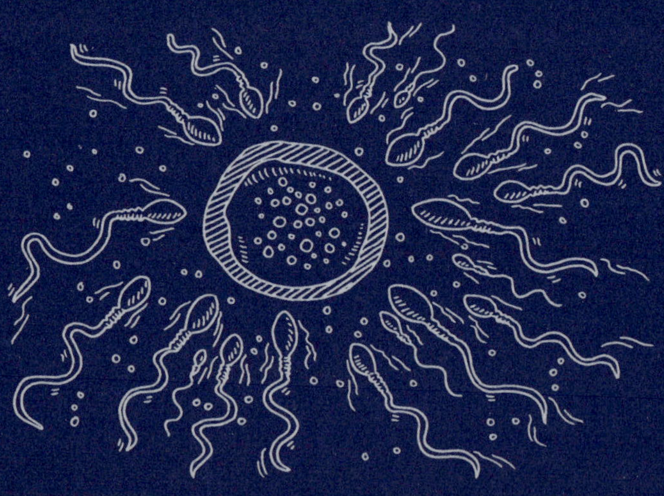

Sobre todo, no te asustes.

Los cambios que puedas estar notando mientras lees este libro son completamente normales y nos pasan a todos.

La adolescencia es el periodo de tiempo que arranca con la pubertad (etapa en la que se inician los primeros cambios) y termina en el momento en que, en el cuerpo y la mente infantiles, se han producido todos los cambios necesarios para alcanzar la madurez sexual. Sé lo que debes de estar pensando y sí, es raro, pero nos pasa a todos. Absolutamente a todos. Estos cambios están controlados por múltiples factores en los que las hormonas sexuales desempeñan un papel fundamental. El hipotálamo y la hipófisis se encuentran en el cerebro, y las gónadas son los ovarios en el caso del sexo femenino, y los testículos, en el sexo masculino. Este eje hipotálamo-hipófisis-gónadas está formado por un circuito de hormonas en el que el hipotálamo estimula a la hipófisis y la hipófisis, a las gónadas, para que estas produzcan las hormonas sexuales responsables de todos los nuevos cambios que tendrán lugar en el cuerpo.

De la infancia a la edad adulta no se pasa de un día para otro:

La adolescencia es un proceso que dura varios años y que solemos experimentar cuando tenemos entre los 10 y los 19 años aproximadamente. Se divide en tres fases:

Las tres fases de la adolescencia

1

ADOLESCENCIA TEMPRANA (entre los 10 y los 14 años aproximadamente): las hormonas sexuales comienzan a estar presentes y empiezan a producirse cambios físicos: «pegamos el estirón», cambiamos la voz, nos crece vello en el pubis y en las axilas, comenzamos a tener olor corporal, aumento de sudoración y, en muchos casos, el temido acné. En esta etapa buscamos cada vez más a los amigos.

2

ADOLESCENCIA MEDIA (entre los 15 y los 17 años aproximadamente): empezamos a notar cambios a nivel psicológico y en la construcción de nuestra identidad, en cómo nos vemos y cómo queremos que nos vean. En la mayoría de los casos, en esta etapa necesitamos separarnos de nuestra familia y, si no hemos recibido una buena educación sexual, cabe la posibilidad de que caigamos con más facilidad en situaciones de riesgo.

ADOLESCENCIA TARDÍA (desde los 18 hasta incluso los 21 años): nos empezamos a sentir más cómodos con nuestro cuerpo. Nos preocupamos cada vez más por nuestro futuro y tomamos decisiones acordes con los objetivos que nos marcamos. Los grupos ya no son lo más importante y comenzamos a elegir relaciones individuales o grupos de amistades más reducidos.

Por favor, no te tomes todo lo que te cuento al pie de la letra. Cada persona es un mundo (por suerte) y cada uno tenemos un ritmo distinto, así que es probable, por ejemplo, que te empiece a crecer vello en las axilas mucho más tarde que a tus compañeros o ¡al revés! Sobre todo, intenta no obsesionarte con todos esos cambios y no te compares con los demás.

No te voy a engañar: aunque en la vida podemos pasar por dificultades o correr riesgos en cualquier momento, podría decirse que la adolescencia es la fase más difícil y complicada, la etapa en la que más vulnerables somos y en la que estamos expuestos a más riesgos.

Te dejo aquí un esquema de los cambios más comunes que aparecen durante esta etapa. Como ya te he dicho con anterioridad, las edades que pongo como referencia son solo eso: una referencia.

Recuerda que cada cuerpo sigue un ritmo distinto.

LOS CAMBIOS FÍSICOS DURANTE LA ADOLESCENCIA

En las niñas:

- Aumento de la estatura.
- Desarrollo de las mamas (suele comenzar entre los 8 y los 13 años).
- Crecimiento del vello púbico y axilar (suele comenzar entre los 9 y los 14 años).
- Menarquia: se trata de la primera menstruación y suele aparecer entre los 10 y los 15 años.

Como ya debes de haber oído, las primeras veces son importantes. Si te apetece, habla con diferentes mujeres de tu familia y pregúntales cuándo tuvieron su primera regla. ¡No te cortes! Seguro que sus experiencias son muy interesantes y te serán de gran ayuda.

¿QUÉ ES EL CICLO MENSTRUAL?

Aprovecho la ocasión para hablarte del ciclo menstrual. Es un proceso natural que ocurre en el cuerpo de las niñas y mujeres. Se trata de una serie de cambios que preparan el cuerpo para un posible embarazo. El ciclo dura aproximadamente un mes y tiene varias fases. Te cuento aquí qué sucede en cada una de ellas:

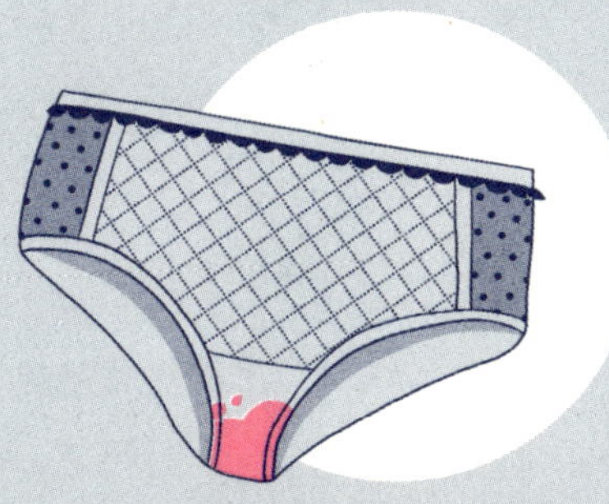

Fase menstrual

QUÉ PASA: en esta fase aparece la menstruación, es decir, sale sangre del útero a través de la vagina. Esto sucede porque el cuerpo elimina el revestimiento del interior de la cavidad del útero, que se había preparado para recibir el posible embarazo.

DURACIÓN: dura entre 3 y 7 días.

QUÉ PUEDES SENTIR: hay quienes necesitan un poco de descanso extra o más tranquilidad. Esto no es malo. Puede que algunas veces sientas dolor en el abdomen: es lo que se conoce como dismenorrea. Si solo se trata de una molestia o de un dolor leve y tolerable que desaparece al tomarte un paracetamol o al aplicarte calor local, no hay que darle importancia. Sin embargo, si el dolor es tan intenso que te impide hacer vida normal, debes acudir al médico para averiguar qué está pasando y darle solución.

1

Fase folicular

QUÉ PASA: después de la menstruación, el cuerpo empieza a preparar un nuevo óvulo en los ovarios. El revestimiento interno del útero comienza a crecer de nuevo para prepararse para recibir un embarazo.

DURACIÓN: dura aproximadamente entre 10 y 14 días.

QUÉ PUEDES SENTIR: por lo general, no hay síntomas específicos en esta fase, aunque algunas mujeres sí notan diferencias entre esta fase y la fase posterior a la ovulación. Es normal notar cambios a lo largo del ciclo, no hay de qué preocuparse, siempre y cuando esos cambios no te impidan llevar una vida normal.

2

Ovulación

QUÉ PASA: un óvulo maduro se desprende del ovario y viaja por la trompa. Este es el momento en que puede producirse un embarazo, en caso de que el óvulo se encuentre con un espermatozoide.

CUÁNDO OCURRE: alrededor del día número 14 del ciclo (contando como día 1 del ciclo aquel en el que baja la regla). Ojo, es difícil determinar con exactitud la ovulación, pero más aún determinar cuáles son los días fértiles. Ten en cuenta que los espermatozoides pueden estar vivos después del coito hasta 5 días. ¿Qué quiero decir con esto? Que, si tienes relaciones 5 días antes de la ovulación, puedes quedarte embarazada, y a esto súmale que puede que en ese ciclo se haya adelantado o atrasado la ovulación. Por eso nunca debes jugártela: utiliza siempre protección.

QUÉ PUEDES SENTIR: en los días cercanos a la ovulación es cuando se tienen los estrógenos más altos, de ahí que haya niñas y mujeres que se sientan más enérgicas y pletóricas.

Fase lútea

QUÉ PASA: después de la ovulación, el cuerpo sigue preparando el revestimiento del útero para un posible embarazo. Si el óvulo no es fecundado, el revestimiento del útero se desprende y se prepara para ser eliminado en la siguiente menstruación.

DURACIÓN: dura aproximadamente entre 10 y 14 días.

QUÉ PUEDES SENTIR: hay quien no siente nada en especial, pero también quien necesita más tranquilidad. Puede que notes algo de hinchazón, cambios de humor o sensibilidad en las mamas. Si estos síntomas son muy severos y alteran mucho tu calidad de vida, quizá tienes lo que llamamos síndrome premenstrual. Si te encuentras muy mal antes de cada regla o durante la menstruación, debes acudir a una consulta médica.

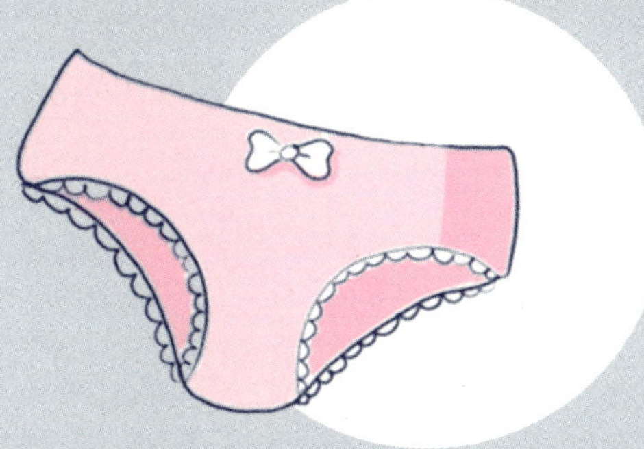

4

Desde la primera regla (menarquia) y durante toda la edad fértil, cíclicamente las niñas y mujeres notarán cambios en cada fase del ciclo. Por tanto, si notas que estás más activa en la fase folicular y que tienes menos paciencia o estás menos productiva en la segunda fase del ciclo, no te preocupes: no te pasa nada malo. Recuerda: solo debes consultar al médico si los cambios cíclicos te causan muchísimo malestar y te impiden llevar una vida normal.

En los niños:

- Aumento de la estatura.
- Crecimiento del pene y los testículos (suele comenzar entre los 9 y los 14 años). Además de crecer de tamaño, los testículos comienzan a producir espermatozoides.
- Crecimiento del vello púbico y axilar (suele comenzar entre los 9 y los 14 años).
- Cambio de voz (suele comenzar entre los 11 y los 15 años): se vuelve más grave.
- Espermarquia: se trata de la primera eyaculación. Suele ocurrir entre los 12 y los 14 años, aunque a veces tiene lugar a edad más temprana (10 años) o más tardía (16 años). Puede ser involuntaria, mientras se duerme, o voluntaria, con la masturbación.

Como ya hemos dicho, las primeras veces son importantes. Si te apetece, habla con diferentes hombres de tu familia y pregúntales sobre su primera eyaculación.

¡No te cortes! Seguro que sus experiencias son muy interesantes y te serán de gran ayuda.

- Necesidad de independencia y construcción de la propia identidad.
- Relaciones más tensas con los padres por la necesidad de más autonomía.
- Altibajos en el estado de ánimo.
- Importancia de las amistades, pertenencia a un grupo e identificación con él.
- Impulsividad.
- Inseguridades por los cambios y la apariencia física.
- Primeros enamoramientos.

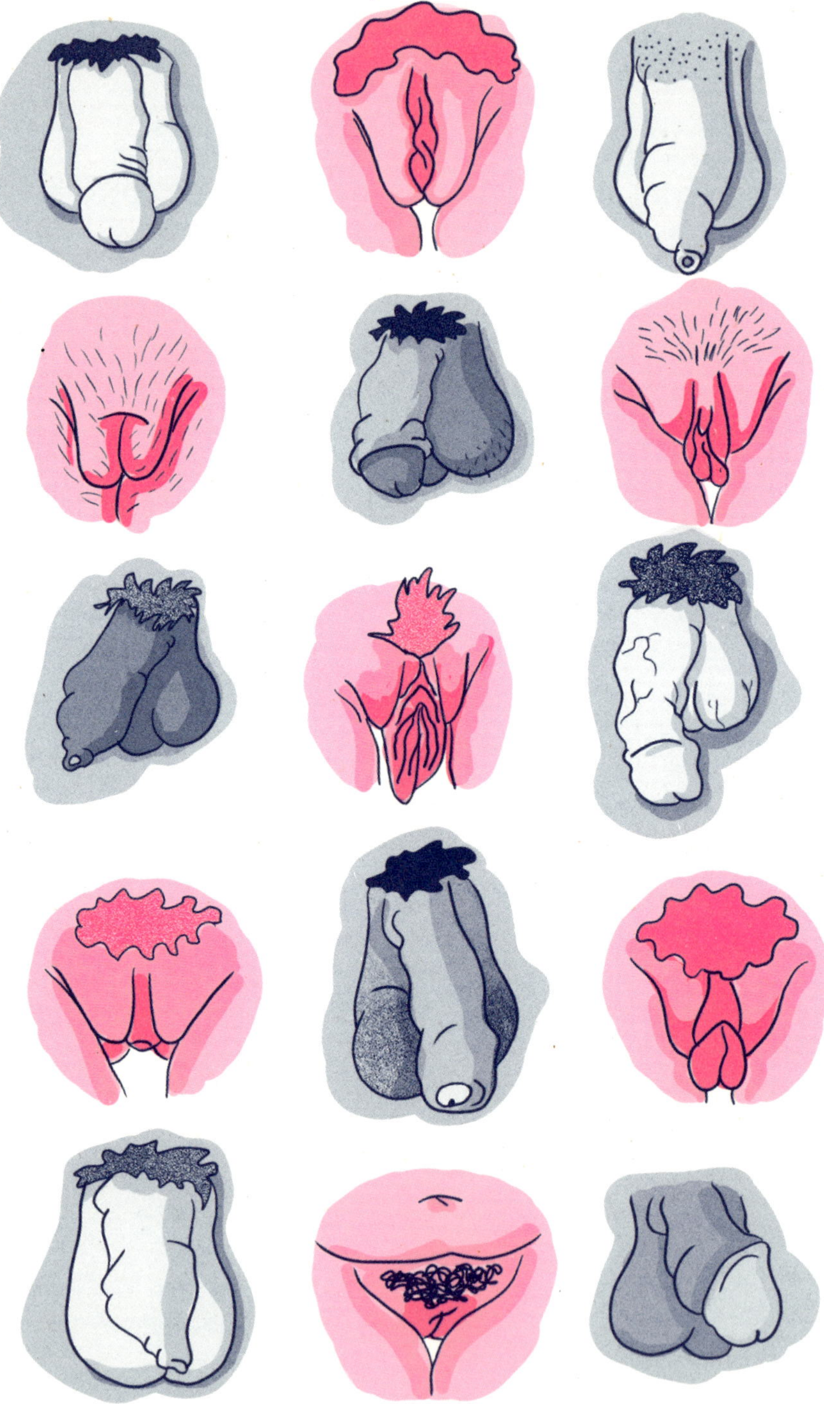

¿SABÍAS QUE LA CORTEZA PREFRONTAL NO MADURA POR COMPLETO HASTA QUE CUMPLIMOS LOS 25 AÑOS?

Dentro de la corteza cerebral hay una zona especialmente más evolucionada que el resto. Se trata de la corteza prefrontal y es la última en desarrollarse. ¡No alcanza su madurez hasta que cumplimos nada menos que los 20 o los 25 años!

¿De qué se encarga? ¡De un montón de cosas! Nos ayuda a controlar los impulsos y la agresividad. También procesa la toma de decisiones importantes, se encarga de solucionar problemas, es clave para la autoconciencia, la memoria de trabajo, la adaptación al medio, la regulación de la conducta social, la empatía, la expresión de las emociones, la motivación, la elección de la conducta para conseguir una meta, el control consciente de nuestras emociones.

Resulta increíble, ¿verdad? Por eso en la adolescencia (cuando la corteza prefrontal todavía no se ha desarrollado del todo) las emociones nos sobrepasan a menudo y, en ocasiones, no vemos el peligro de conductas arriesgadas. Pero ojo: el hecho de que durante la adolescencia la corteza prefrontal no haya alcanzado su madurez no significa que no funcione, sino que todavía no está al 100 % de sus capacidades.

Que no te sirva como excusa. Durante esta etapa tu cerebro tiene un gran potencial para cambiar y adaptarse al entorno. ¡Una suerte!

TAN IGUALES Y TAN DIFERENTES

EL SEXO BIOLÓGICO:

Es el conjunto de características biológicas con las que, al nacer, se nos clasifica como sexo masculino o femenino. Tradicionalmente, el sexo biológico se ha utilizado para definir a la persona, pero esto no siempre ocurre así.

También existen personas intersexuales. Esto significa que pueden tener variaciones (en sus genitales, cromosomas u hormonas) que no se ajustan a las definiciones típicas de masculino o femenino.

EL GÉNERO:

Está formado por normas, roles impuestos por la sociedad y estereotipos en función del sexo. Pero, ojo, no son innatos, sino fruto de un aprendizaje social y varían según las zonas del mundo y las épocas.

La orientación sexual:

Es la atracción que se siente por otras personas. Comúnmente las orientaciones sexuales se dividen en:

HETEROSEXUALIDAD: se siente atracción por personas de un sexo distinto.

HOMOSEXUALIDAD: se siente atracción por personas del mismo sexo.

BISEXUALIDAD: se siente atracción tanto por personas del mismo sexo como del sexo contrario.

ASEXUALIDAD: no se siente atracción sexual por otras personas. Esto no significa que no pueda sentirse una atracción romántica, es decir, que no se tenga el deseo de formar pareja con otra persona. Puede mantenerse una relación afectiva con alguien, pero no sentir necesidad de tener contacto sexual.

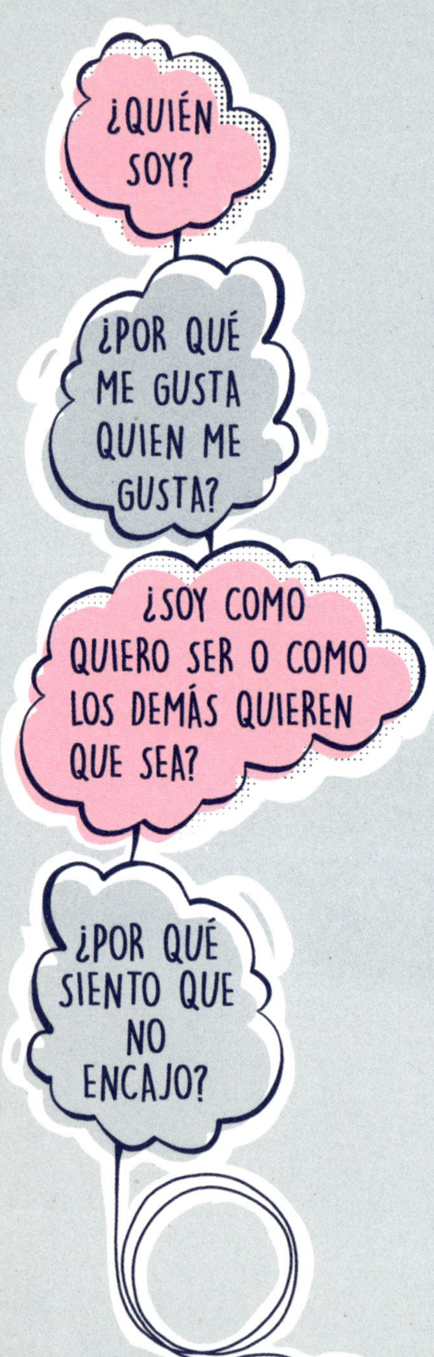

Durante la adolescencia solemos hacernos muchas preguntas y es habitual que nos sintamos perdidos y que dudemos de quiénes somos y de qué personas nos atraen. Es fácil que pienses que eres raro o que en ti hay algo malo cuando sientes que tu identidad y tu orientación sexual no encajan, pero ¡nada más lejos de la realidad! Tienes derecho a sentir lo que sientes y a vivir tu vida de acuerdo con tus principios. La diversidad es parte de la naturaleza humana.

La imagen corporal

Es posible que, en la etapa de desarrollo, vivas de forma abrumadora los cambios rápidos que se producen en tu cuerpo, que te generen vergüenza o que te creen inseguridades. ¿Tienes más vello corporal que tus amigos? ¿Eres la más alta del grupo? ¿Usas dos tallas más que la mayoría de tus compañeros de clase?

A veces, los estereotipos que impone la sociedad, junto con la necesidad de ser aceptados por los demás, pueden jugarnos malas pasadas y mellar nuestra autoestima.

Es importante sentirnos a gusto en nuestro propio cuerpo. Tener una imagen corporal bien integrada y un buen autoconcepto nos ayuda a sentirnos bien y a no tener complejos. Sin embargo, a veces eso no resulta tan fácil. Aquí tienes algunos consejos para desarrollar una imagen corporal positiva:

1. **¡ÁMATE TAL COMO ERES!** Es importante querernos y aceptarnos tal como somos. La belleza viene en todas las formas y tamaños. Aprecia y ama tu cuerpo sin importar cómo sea.

---

2. **¡ERES MÁS QUE TU APARIENCIA!** No te concentres solo en cómo te ves. Eres mucho más que eso. Tienes habilidades y talentos únicos que te hacen especial. Enfócate en ellos y en las cosas que te gusta hacer.

---

3. **¡CUIDA TU CUERPO!** Comer alimentos saludables, hacer ejercicio y descansar lo suficiente son formas de cuidar nuestra salud física y emocional. Recuerda que llevar un estilo de vida saludable te hará sentir bien tanto por dentro como por fuera.

4. **¡Y CUIDA TU MENTE!** Busca espacios para mimarte: lee un libro tranquilamente, muévete (baila, haz deporte) y desconecta el móvil: pasarnos horas pegados a las pantallas no favorece nada nuestra salud mental.

5. **¡TODOS COMETEMOS ERRORES!** Benditos sean nuestros errores si nos ayudan a crecer y a madurar. Recuerda que todos tenemos días buenos y días malos.

6. **¡SÉ AMABLE CONTIGO!** Trata a tu cuerpo con amabilidad. No te dediques críticas negativas ni te compares con nadie. Eres una persona única; ser como eres sin miedo es lo que te hace especial.

7. **INFÓRMATE SOBRE TEMAS QUE TE PREOCUPEN,** aunque te dé pereza o un poco de vergüenza. Recuerda: estar informado empodera.

8. **¡APRENDE A DECIR «NO»!** Es importante establecer límites y aprender a decir «no» cuando algo te incomoda. Recuerda que tienes el derecho de cuidar de ti y tomar las decisiones que sean mejores para ti.

9. **¡APÓYATE EN TUS AMISTADES Y TU FAMILIA!** Pide ayuda y apoyo cuando lo necesites. Tus seres queridos están ahí para ayudarte y ser tu sostén. Recuérdalo y no tengas miedo de recurrir a ellos cuando lo necesites.

¡EL PLACER ESTÁ EN TUS MANOS!

La masturbación, darse placer a uno mismo, es una expresión de amor propio y te ayuda a conocer tu cuerpo y a saber qué te gusta y qué te hace sentir bien.

Es algo muy natural que la gran mayoría hacemos a cualquier edad. Sin embargo, es la práctica sexual que más mitos ha acarreado siempre: que si te masturbabas te quedarías ciego, que te saldrían pelos en las manos ¡o que irías directamente al infierno! Todo para que las personas no se masturbaran. Una locura, ¿verdad?

En realidad, no tienes que preocuparte porque es una práctica segura y saludable. No hay riesgo de embarazo o enfermedades de transmisión sexual. Puede que sientas vergüenza al principio, ya que es algo nuevo para ti.

Pero recuerda que la masturbación es una parte natural del desarrollo sexual y no hay nada de que avergonzarse.

Es algo que puedes hacer en privado, en tu habitación o en el baño.

Y tiene un montón de beneficios. De verdad, créeme:

- Mejora la relajación y el sueño.
- Te ayuda a combatir el estrés.
- Reduce el dolor menstrual.
- Cuida la autoestima.

Ahora ya puedes mirarte al espejo y decirte: «Puedo explorarme y quererme». Para masturbarte, lo único que necesitas es disponer de tiempo y de un espacio seguro. ¡Cada persona tiene una manera distinta de hacerlo!

¿QUIÉN PUEDE MASTURBARSE?

¡Cualquiera! El placer no tiene ni género ni edad.

¿CUÁNDO PUEDO EMPEZAR?

La masturbación no tiene edad.

De hecho, es muy habitual descubrir el placer durante la infancia. No obstante, hay personas que no saben cómo actuar en una situación en la que un niño o una niña está tocándose, y puede que lo castiguen o le digan que lo que hace está feo. ¿Te ha pasado alguna vez? ¿Cómo te sentiste? ¿Alguna vez sentiste vergüenza o asco por tocarte?

¿Y SI NO ME APETECE MASTURBARME?

Pues no pasa absolutamente nada. No es una obligación ni algo que debas hacer. ¡Tú mandas!

Recuerda: explora, conoce y sé amable contigo mientras descubres tu propio cuerpo.

3

¿ESTOY PREPARADO PARA TENER SEXO POR PRIMERA VEZ?

Es normal estar nervioso y tener dudas antes de dar este paso. Antes de tomar una decisión, es importante que te hagas algunas preguntas:

1 ¿ESTOY EMOCIONALMENTE LISTO PARA TENER SEXO?

Tener relaciones sexuales implica una gran intimidad y responsabilidad. Cuando lo hacemos sin tener conciencia de lo que supone mantener una relación íntima podemos dañarnos emocionalmente o dañar a la otra persona. Asegúrate de que estás listo para lidiar con las emociones que pueden surgir después de tener sexo.

2 ¿ESTOY INFORMADO SOBRE LA SALUD SEXUAL Y REPRODUCTIVA?

Es importante conocer cómo protegerte a ti mismo y a la otra persona de enfermedades de transmisión sexual y embarazos no deseados. Asegúrate de tener la información necesaria para tomar decisiones seguras y responsables.

3

¿CONFÍO EN MI PAREJA Y EN NUESTRA COMUNICACIÓN?

La comunicación abierta y honesta con tu pareja es fundamental para tener una experiencia sexual positiva. Asegúrate de que ambos estéis en la misma página y os sintáis cómodos hablando sobre vuestros deseos y límites.

No olvides que no hay una edad «correcta» para tener sexo por primera vez. Lo más importante es que estés informado y que te sientas seguro y respetado en tu decisión.

Si tienes dudas o inseguridades, no dudes en hablar con un adulto de confianza o buscar información en fuentes confiables. ¡Tómate tu tiempo y decide lo que sea mejor para ti!

«La primera vez»: de verdad, créeme cuando te digo que no es tan importante como nos han hecho creer. No es una carrera para ver quién llega antes y no va a marcar tu identidad.

A menudo escuchamos que la primera vez que «tienes sexo» es la primera vez que practicas la penetración, pero eso no tiene por qué ser así. En muchas prácticas sexuales no hay penetración.

Elige bien el dónde: tiene que ser un espacio seguro, cómodo y privado.

Da importancia a la excitación previa. No hay por qué tener prisa: busca la complicidad con tu pareja con las caricias, con la comunicación... Es básico para establecer un clima de confianza.

Recuerda que puedes parar en cualquier momento. Y que no tienes por qué continuar ni ceder a los deseos de la otra persona.

Recuerda que tu pareja también puede decidir parar en cualquier momento.

Más adelante te explicaré qué son las tres erres que deben darse para toda relación sexoafectiva. Antes, no obstante, hablaremos del consentimiento.

SOLO
SÍ
ES SÍ

QUÉ ES EL CONSENTIMIENTO

El consentimiento es un tema importante que todos debemos entender, sin importar la edad. Significa que todas las personas involucradas en una situación deben estar de acuerdo en participar en algo, ya sea un juego, una actividad o cualquier tipo de interacción.

Imagina que un día no has ido a clase y le pides a un amigo que te preste sus apuntes. Si tu amigo te dice que no quiere prestártelos, eso significa que no te da su consentimiento para cogerlos. En este caso debes respetar su decisión y no coger los apuntes sin su permiso.

En situaciones más serias, como el contacto físico o las relaciones íntimas, el consentimiento también es fundamental.

Si alguien no te da su consentimiento para algo, es importante detenerte y respetar su decisión.

Del mismo modo, si tú no estás de acuerdo en hacer algo, es importante comunicarlo claramente y la otra persona debe respetar tu decisión.

Por supuesto, el consentimiento en las relaciones corporales es imprescindible.

Si tienes alguna duda sobre el consentimiento o vives una situación en la que sientes que tus límites no están siendo respetados, no dudes en pedir apoyo y orientación.

¡Recuerda que tu cuerpo y tus decisiones son importantes y deben ser respetados en todo momento!

ABUSO Y ACOSO

Puede decirse que eres víctima de abuso cuando alguien te da un trato que te hace sentir incómodo, asustado o herido. El abuso puede ser físico, emocional o sexual. Por ejemplo, tanto si alguien te golpea como si te dice cosas hirientes o te toca de una forma que te incomoda, estás siendo víctima de abuso. Es importante que, cuando alguien te haga daño de algún modo, se lo cuentes a un adulto de confianza para recibir ayuda.

El acoso tiene lugar cuando alguien te molesta, te intimida o te hace sentir mal repetidamente, ya sea insultándote, burlándose de ti, amenazándote o excluyéndote. Si alguien está constantemente molestándote, es importante que le digas que pare y, en caso de que la situación no se resuelva, que busques ayuda en tu entorno familiar o escolar.

Si observas algún tipo de abuso o discriminación sexual en tu entorno, acércate a la víctima para mostrarle tu apoyo y, si la violencia no cesa y la situación te resulta complicada, habla con un adulto de confianza y pídele ayuda.

Qué puedes hacer para no sufrir abuso o acoso:

1. Hablar con un adulto de confianza si te sientes incómodo o asustado.

2. No tener miedo a decir «no» si algo no te parece correcto o no te apetece. Tratar a los demás con respeto no significa tener que decir «sí» a todo.

3. Ten presente que no estás obligado a dar besos o abrazos a personas adultas por mucho que te digan que no hacerlo es ser maleducado o irrespetuoso.

4. No permitir en ningún caso que una persona adulta te toque los genitales. Es un delito muy grave. En caso de que te ocurra, pide ayuda en tu entorno familiar o escolar. Si ya lo has hecho y no te ha funcionado, hay muchas asociaciones que pueden ayudarte. Hay contadas excepciones en las que no sería delito: cuando no puedes limpiarte o lavarte porque eres demasiado pequeño o porque tienes algún problema físico que te lo impide, o cuando vas al médico y tiene que examinarte.

---

5. No participar en juegos o actividades que te hagan sentir incómodo o que dañen a los demás.

Tienes derecho a vivir tu sexualidad libremente, sin miedo ni presiones.

LAS TRES ERRES

Las relaciones interpersonales son muy importantes para nuestro desarrollo. Para que florezcan y se desarrollen de manera saludable, necesitamos cultivar tres cualidades fundamentales: **respeto**, **responsabilidad** y **reciprocidad**. Estas «tres erres» son los pilares que sostienen una relación sólida y significativa, ya sea una relación de amistad o de pareja. Todas las relaciones humanas tienen que reunir estos requisitos para ser saludables y no dañinas. Vamos a explorar cada una de estas tres cualidades:

1. RESPETO

El respeto es la base de cualquier relación. Implica reconocer y valorar la dignidad y los derechos de los demás, respetando sus límites y sus diferencias. He aquí algunas formas que te ayudarán a demostrar respeto a los demás:

- **ESCUCHA ACTIVA:** presta atención cuando alguien hable. No lo interrumpas ni minimices sus palabras.
- **EMPATÍA:** intenta comprender los sentimientos y las perspectivas de la otra persona. Ponerte en sus zapatos te ayudará a tratarla con consideración.
- **LÍMITES PERSONALES:** respeta los límites de los demás. No hagas nada que los haga sentir incómodos o violentados.
- **TRATO AMABLE:** usa palabras amables y evita el lenguaje ofensivo o hiriente.

2. RESPONSABILIDAD

Para ser responsables debemos asumir las consecuencias de nuestras acciones y decisiones. En una relación sana:

- **CUMPLE TUS COMPROMISOS:** si prometes algo, cúmplelo. La confianza se construye a través de la coherencia.
- **ASUME TUS ERRORES:** todos cometemos errores. Reconocerlos y disculparte demuestra madurez y respeto hacia la otra persona.

- **MANTÉN UNA COMUNICACIÓN ABIERTA:** si algo te preocupa o te molesta, exprésalo. No esperes a que el problema se agrande.
- **CUIDA LAS RELACIONES SEXOAFECTIVAS:** toma precauciones para no dañar ni ser dañado. Así evitarás embarazos no deseados e infecciones de transmisión sexual. También es necesario tener responsabilidad afectiva.
- **TEN RESPONSABILIDAD AFECTIVA:** no causes daño emocional a la otra persona. No puedes utilizarla como si fuera un objeto y después desaparecer sin dar explicaciones, es decir, no le hagas *ghosting*.

3. RECIPROCIDAD

La reciprocidad también es imprescindible en cualquier vínculo sano, ya sea de amistad o amoroso. Tener reciprocidad en una relación amorosa significa:

- **DAR Y RECIBIR:** comparte pensamientos, sentimientos y tiempo.
- **TENER EQUILIBRIO:** busca el equilibrio; nadie es más que nadie. En una relación sana ninguna de las dos personas domina a la otra. Si alguna vez te enamoras de alguien que te trata mal o que no te respeta, es posible que al principio te cueste dejar la relación, ya que en la fase inicial de enamoramiento las hormonas están revolucionadas y eso puede impedirte ver la realidad. Sin embargo, es importante que sepas que, cuanto antes salgas de esa situación, mejor: con el tiempo volverás a estar bien. También es importante ser rápido a la hora de identificar a las personas que solo saben mantener relaciones tóxicas. Hay gente a la que le encanta enamorar a los demás con sus encantos para sentirse superior y, una vez que te encandilan con sus mentiras, te hacen sufrir, atrapándote en una espiral de relación tormentosa: un día te tratan bien y, al otro, desaparecen o te maltratan. A las personas con baja autoestima les cuesta mucho identificar que son víctimas de malos tratos y se agarran a mitos totalmente erróneos como

«quien te quiere te hará sufrir» o «si tiene celos es porque me quiere».

- **APOYARSE MUTUAMENTE:** estar allí para el otro en momentos difíciles es esencial. La reciprocidad fortalece los lazos.

Recuerda que las relaciones saludables no son perfectas, pero se basan en el respeto mutuo, la responsabilidad compartida y la reciprocidad genuina. Es esencial cuidarse mutuamente, saber respetar los límites y pedir perdón cuando te equivoques. ¡Cultiva estas tres erres y construye vínculos valiosos!

WIN
WIN
WIN

CÓMO IDENTIFICAR UN VÍNCULO SANO EN UNA PAREJA

El vínculo que mantienes con tu pareja **ES SANO** si él o ella:

- Te acepta como eres.
- Es sincero/a contigo sobre sus intenciones.
- Está ahí.
- Te corresponde.
- Te cuida.
- Te hace formar parte de su vida y quiere ser parte de la tuya.

El vínculo que mantienes con tu pareja **NO ES SANO** si él o ella:

- Te controla.
- Te agrede.
- Te presiona.
- Te amenaza.
- Te aísla.
- Te ridiculiza.
- Te crea inseguridad.

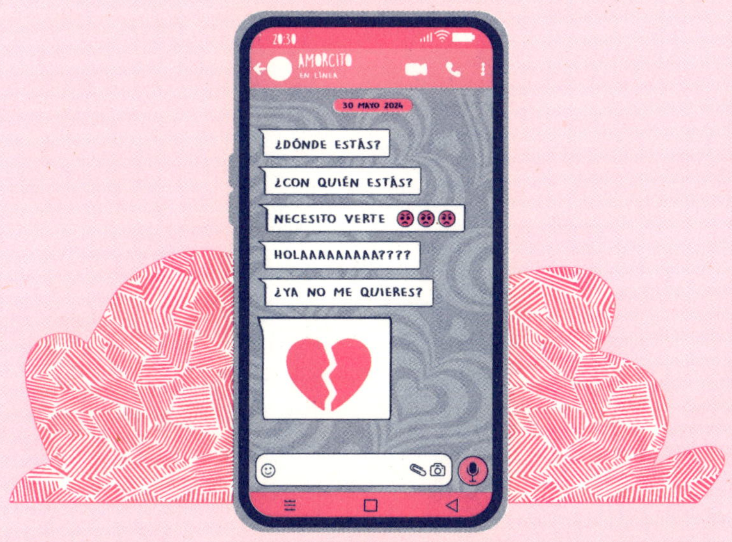

LAS LÍNEAS ROJAS EN LAS RELACIONES SEXUALES

Cuando mantienes relaciones sexuales, es importante establecer líneas rojas o límites claros. Estas líneas te ayudarán a saber lo que estás dispuesto/a a hacer y lo que no.

Aquí te dejo algunos ejemplos de red flags que no debes consentir:

- Intenta convencerte insistentemente para que hagas algo que te hace sentir incómodo/a o inseguro/a, aun después de haberle explicado que no quieres hacerlo.
- Insiste en tener relaciones sexuales sin protección y trata de convencerte de que no pasa nada, diciéndote que controla muy bien la situación, que por una vez no ocurrirá nada...
- Te hace chantaje emocional y te dice cosas como: «Si no haces esto es porque no confías en mí» o: «No me quieres lo suficiente porque no haces lo que te estoy pidiendo».
- Quiere hacerte participar en actividades sexuales que no consientes.

Nunca consientas participar en actos sexuales de los que no tengas conocimiento o que no comprendas plenamente.

Recuerda que siempre puedes cambiar de opinión y que tus límites pueden evolucionar a medida que vayas creciendo y te desarrolles. Lo importante es comunicarte abierta y honestamente con tu pareja y asegurarte de que ambas partes estáis de acuerdo y os sentís cómodas.

Si tienes alguna pregunta o inquietud sobre el sexo o las relaciones, te animo a hablar con una persona adulta de confianza, como tus padres, un profesor o un profesional de la salud. Están ahí para apoyarte y proporcionarte información adecuada para tu edad.

Frases que debes tener presente en todo momento:

- Soy consciente y sé lo que estoy haciendo.
- Me siento seguro/a y sé que no puede pasarme nada.
- Puedo ir tan despacio como me apetezca.
- Esto es cosa de dos.

Cómo poner fin a una relación (cuidándote y cuidando)

1. **DA LA CARA: NO DESAPAREZCAS SIN MÁS.**

2. **SÉ SINCERO/A Y CONTESTA A SUS PREGUNTAS.**

3. **SI LE DEJAS PORQUE YA NO TE ATRAE, DILE QUE NO TIENE LA CULPA, QUE TUS SENTIMIENTOS HAN CAMBIADO. DA LAS GRACIAS POR LO VIVIDO.**

4. **MANTÉN LA DISTANCIA DURANTE UN TIEMPO. RESPETA LO QUE TE SALGA DE DENTRO, PERO TAMBIÉN RESPETA A LA OTRA PERSONA.**

Las infecciones de transmisión sexual (ITS)

Las ITS son infecciones que se contagian de una persona a otra durante la actividad sexual. Estas infecciones pueden ser causadas por virus, bacterias, hongos o parásitos. Hay más de veinte, pero, a continuación, te dejo las ITS que afectan con mayor frecuencia a los adolescentes:

- **EL VIRUS DEL PAPILOMA HUMANO (VPH):** es la ITS más frecuente. A menudo pasa desapercibida porque la propia inmunidad de la persona la elimina. Sin embargo, en algunas personas se manifiesta con verrugas genitales o anales, y a algunas mujeres les causa lesiones en el cuello del útero que son precursoras del cáncer. Aunque estés vacunado, podemos contagiarnos: por eso es fundamental la prevención con preservativos.

- **INFECCIÓN POR CLAMIDIA E INFECCIÓN POR GONOCOCO:** son importantes debido a la frecuencia con que se están detectando y al aumento de resistencias a los antibióticos que se ha observado. Si no se tratan, pueden causar problemas más severos, entre los cuales, problemas de fertilidad.

- **EL HERPES GENITAL:** se contagia con el contacto de piel con piel. Produce unas vesículas que, al romperse, causan una sensación dolorosa de quemazón y ardor.

SALUD SEXUAL. LOS MÉTODOS DE PROTECCIÓN SEXUAL

La salud sexual es una parte importante de nuestra salud. ¿Verdad que acudes al dentista cuando te molesta la muela del juicio o vas al dermatólogo a que les eche un vistazo a tus pecas? Pues lo mismo pasa con los profesionales de la salud sexual.

Recuerda: si tienes más de 16 años, ya puedes ir solo a un centro de atención primaria y valorar si es necesario que te deriven a un centro de planificación familiar o a un especialista de tu ciudad.

Existen distintos métodos de protección sexual, pero el único que previene las ITS y los embarazos es el preservativo. Los hay de dos tipos:

- **PRESERVATIVOS MASCULINOS:** se trata de unas fundas que se ponen en el pene.
- **PRESERVATIVOS FEMENINOS:** son una funda con dos anillos flexibles en cada extremo, uno de los cuales está abierto, y el otro, cubierto. Este es el que se introduce en la vagina, y el otro, el que se queda fuera.

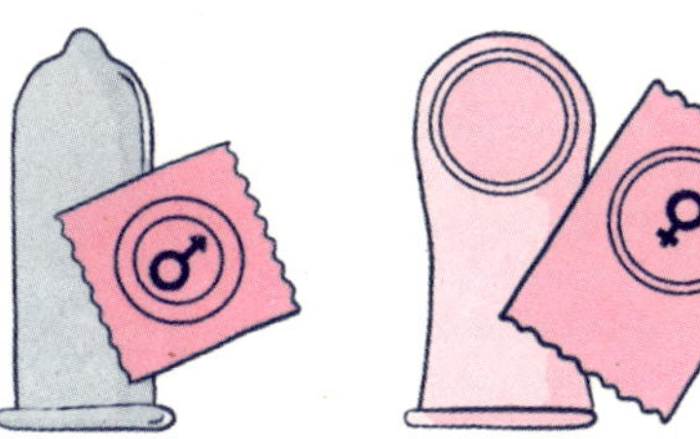

Recuerda que los preservativos deben llevarse puestos desde el principio hasta el final de la relación sexual. Y es importante que sepas que la protección que ofrecen contra las ITS no es del 100 %.

Por desgracia, todavía hay quien cree que la responsabilidad de la protección recae sobre las chicas. Por favor, si eres un chico, ponte las pilas y corresponsabilízate.

Desmitificando mitos: el preservativo no corta el rollo ni te hace sentir menos placer. En caso de que notes que te aprieta demasiado, que seas alérgico al látex o que tengas la sensación de que te quita sensibilidad, debes saber que los hay de diversas tallas y grosores, y que incluso los fabrican sin látex para las personas alérgicas.

Hay muchos otros métodos de prevención del embarazo para personas adultas con pareja estable, entre ellos la píldora anticonceptiva, el parche transdérmico o el DIU (es un dispositivo que se coloca dentro del útero). ¡Ojo! Ninguno de estos métodos protege frente a las ITS.

Son muchas las personas que están afectadas por alguna ITS sin saberlo, por no tener síntomas, y que pueden, por tanto, contagiar a sus parejas sexuales.

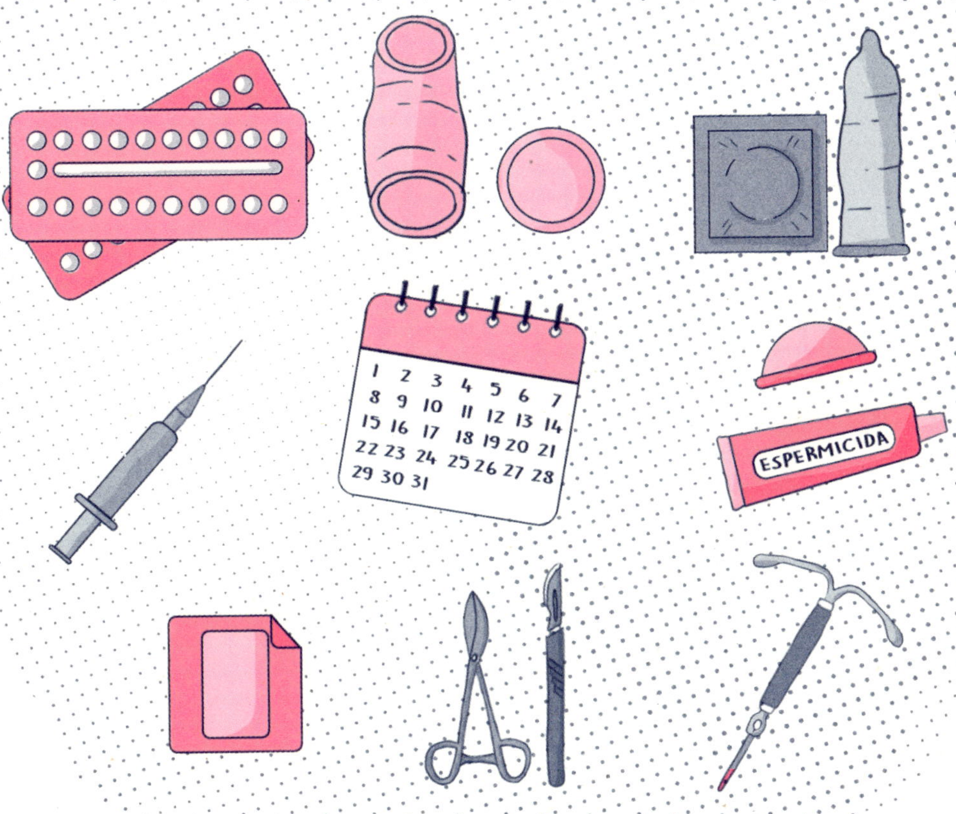
1 2 3 4 5 6 7
8 9 10 11 12 13 14
15 16 17 18 19 20 21
22 23 24 25 26 27 28
29 30 31
ESPERMICIDA

Por eso, aunque alguien te asegure que está sano como una manzana porque no nota nada extraño, cabe la posibilidad de que haya contraído una ITS y la contagie. De ahí que debas usar siempre preservativos para evitar contagios.

Si alguna vez corres algún riesgo, acude enseguida al médico para hacerte las pruebas necesarias. Aprovecha para pedirle más información y ¡pregúntale todas tus dudas!

4
EL DERECHO A LA INTIMIDAD

¿Qué implica el derecho a la intimidad? Que todos tenemos el derecho de mantener ciertas cosas en privado, sin que nadie se entrometa. Esto incluye las conversaciones que mantenemos, las fotos y vídeos que nos hemos hecho y cualquier otra información personal.

Cuando hablamos de **fotos y vídeos sexuales**, nos referimos a imágenes o grabaciones que muestran a personas desnudas o realizando actividades íntimas. Estas imágenes son muy personales y privadas. Si alguien comparte tus fotos o vídeos sin tu permiso, está cometiendo un delito.

En España, el Código Penal castiga a quienes difunden imágenes íntimas sin autorización.

Así que nunca compartas fotos o vídeos íntimos con nadie.

Los ***deepfakes*** son vídeos o imágenes falsos creados mediante inteligencia artificial (IA). Pueden hacer creer que alguien está diciendo o haciendo algo que en realidad ni dijo ni tampoco hizo. Los desnudos *deepfakes* son imágenes manipuladas para mostrar a alguien sin ropa cuando en realidad nunca se la quitó. Es crucial que seas consciente de esta realidad y que no compartas ni difundas este tipo de material.

Aunque se trate de imágenes manipuladas y, por tanto, no reales, ten en cuenta que compartirlas sigue siendo un delito muy grave.

EL *BULLYING*, EL *CIBERBULLYING* Y EL *SEX BULLYING*

Hay ***bullying*** cuando alguien te acosa y te trata de manera injusta una y otra vez. Puede ser verbal o físico, y actualmente se extiende más allá del ámbito escolar. Al darse también a través de las pantallas, ya ni siquiera es necesario estar en el colegio o en el instituto para sufrirlo: puedes ser víctima de *bullying* a través del teléfono o el ordenador, mientras estás tranquilamente en tu casa. Los acosadores acostumbran a sentirse poderosos cuando tienen seguidores o «palmeros» que los apoyan, pero, en realidad, no son nadie sin ese respaldo.

¿QUÉ PUEDES HACER?

Si estás siendo víctima de *bullying*, habla con un adulto de confianza o con una asociación dedicada a la denuncia de este tipo de prácticas. Ellos podrán ayudarte y se asegurarán de que el centro escolar tome medidas.

Si ves que alguien está sufriendo *bullying*, no te quedes callado y no colabores con los acosadores. Si nadie los aplaude ni les sigue el juego, perderán su poder.

En estos casos la solidaridad es muy importante. Los acosadores se sienten fuertes cuando tienen seguidores, pero, si todos nos unimos para detener el acoso, se quedan solos y pierden completamente su influencia.

Cuando el *bullying* se da a través de las pantallas, se denomina ***ciberbullying***. Puede incluir mensajes de odio, amenazas o difamación tanto en redes sociales como en correos electrónicos o mensajes de texto. Si eres víctima del *ciberbullying*, no dudes en bloquear a la persona y buscar ayuda.

Con el auge de las pantallas y la posibilidad de acceso a contenidos inapropiados desde muy temprana edad, ha aumentado el *bullying* de tipo sexual, o ***sex bullying***. Cuando alguien te molesta o te hace sentir incómodo y amenazado por razones sexuales, estás siendo víctima de este tipo de *bullying*. Puedes sufrirlo a través de palabras, gestos o imágenes. Por ejemplo, si alguien te envía mensajes inapropiados o comparte fotos tuyas íntimas sin permiso (aunque no sean completamente reales y hayan sido retocadas con IA), te está haciendo *sex bullying*. Si esto te sucede, es importante que hables con un adulto de confianza para que pueda ayudarte.

LA VIOLENCIA SEXUAL

La violencia sexual es un tema muy serio. Se considera violencia sexual cualquier acción de cariz sexual que alguien te obligue a hacer en contra de tu voluntad, ya sean tocamientos no deseados, acoso sexual, violación u otras muchas. Si alguna vez te sientes incómodo o crees que alguien está actuando de manera inapropiada, busca ayuda de inmediato.

Recuerda respetar siempre la privacidad de los demás y proteger también la tuya. Todos merecemos vivir en un mundo donde nuestra intimidad esté segura.

Violencia sexual es:

- Que te obliguen a ver pornografía en contra de tu voluntad.
- Que se burlen de ti por tu identidad sexual.
- Que se difundan imágenes de contenido sexual que solo has compartido con tu pareja.
- Que te acosen por la calle.
- Que te obliguen a mantener relaciones sexuales sin tu consentimiento.

¿POR QUÉ? Porque estas acciones no son libres, ni conscientes, ni seguras, ni recíprocas.

1. Habla con un adulto de confianza cuando alguien te haga sentir incómodo online.
2. Nunca compartas datos personales: nunca des tu nombre completo, tu dirección, tu teléfono o fotos en las que aparezcas a personas que no conozcas.
3. Si estás en redes sociales, configura tu cuenta asegurándote de que solo tus amigos puedan ver tus publicaciones. No agregues como amigos a personas que no conoces. Es mejor ser precavido.
4. Si alguien te pide fotos o vídeos íntimos, no los compartas por mucha confianza que te inspire esa persona. Una vez subida a la red, nunca sabes dónde puede llegar tu imagen.
5. Los sitios web, las redes sociales y las aplicaciones de mensajería pueden contener imágenes, vídeos o textos explícitos que no son adecuados, porque dan una visión del sexo que nada tiene que ver con la realidad. El material pornográfico puede crearnos mucha confusión, miedo, ansiedad o frustración, y puede llegar a afectar a nuestra salud mental.

Ten presente también que el mundo que nos muestran las pantallas es irreal: se emplean muchos filtros de belleza y personas desinformadas con muchos seguidores y, por tanto, mucho alcance dan recomendaciones inapropiadas... Todo esto puede afectar gravemente a tu autoestima.

5

EL SEXO NO ES PORNO

Es totalmente normal que, a partir de la preadolescencia, sintamos curiosidad y tengamos interés por el sexo, pero nunca pierdas de vista que lo que vemos en las películas pornográficas no es real.

Existen diversos tipos de porno (desde más suaves hasta más explícitos y violentos), pero, independientemente del nivel del contenido, es importante recordar que el porno distorsiona la verdadera naturaleza del sexo.

QUÉ MUESTRA EL PORNO Y CUÁL ES SU OBJETIVO

El porno muestra una visión irreal del sexo y el objetivo de esta industria son los beneficios multimillonarios que genera. Hay personas que son adictas al porno y buscan escenas cada vez más extremas para satisfacerse. Les ocurre algo parecido a los adictos a las drogas: para que sigan haciéndoles efecto, necesitan ir subiendo la dosis. Las personas adictas al porno sufren de serios problemas de salud mental y no son capaces de tener relaciones sanas. Cuando se consume porno de forma habitual, suceden cosas verdaderamente complejas en la mente.

El efecto del porno es muy parecido al de las drogas:

por un lado, el drogadicto quiere dejar las drogas porque nota que su salud empeora día a día, pero, por el otro, es incapaz de conseguirlo y sigue consumiendo; el placer que le proporcionan las drogas le dura cada vez menos, el sufrimiento va en aumento y, para aliviarlo, consume todavía más y acaba atrapado en un bucle.

Para que entiendas la complejidad de lo que ocurre en el cerebro de las personas adictas al porno, compartiré contigo un testimonio muy sincero que escuché un día. Se trata de un chico adicto al porno que consiguió superar su adicción. Decía que no era capaz de tener relaciones y lo que le hizo saltar las alarmas fue lo que sintió un día cuando, en las noticias, hablaron de un caso de violación: se excitó. Era como si se hubiera desdoblado en dos: mientras su parte racional le decía: «¡Qué barbaridad lo que le ha hecho ese criminal!», su parte física iba por otro lado. Al sentir la erección, su lado racional le dijo: «¡Qué mala persona eres! ¿Cómo puedes excitarte con una barbaridad así?». Después de aquello se puso en manos de profesionales y, por fortuna, con su ayuda superó aquella adicción.

EL PORNO ES UNA FICCIÓN. ALERTA CON SUS CONSECUENCIAS

En el porno se promueve la violencia sexual, la falta de consentimiento y la objetificación sexual (esto significa que trata a las personas como si fueran objetos o cosas). En el porno se da a entender que, cuando una mujer dice «no», en realidad está diciendo «sí», que hay que forzarla porque, en el fondo, sí quiere sexo, y, con ello, se normaliza la violencia. El porno, por tanto, transmite una visión del sexo machista que pone el foco en el placer del hombre.

¿Y has visto alguna vez un cuerpo no normativo en una película pornográfica? Seguro que no. No aparecen cuerpos de personas reales. Y ¿de verdad que no se cansan de alguna de esas posturas ni piden cambiarla por otra más cómoda? O ¿dónde quedan la seducción y los juegos preliminares? ¿Y los preservativos? Son habituales las escenas que representan prácticas sexuales de riesgo sin protección.

Y ya lo sabes: ¡Adiós, protección! ¡Hola, enfermedades de transmisión sexual y embarazos no deseados!

En definitiva, lo que muestra la pantalla es solo una ficción que suele ir acompañada de frivolidad, machismo y malas prácticas.

Así que ya lo sabes: aprender sobre el sexo mediante el porno puede dañar, generar confusión, provocar pérdida de autoestima, causar dificultades a la hora de relacionarse e incluso normalizar la violencia sexual, haciéndonos creer que es aceptable forzar a alguien a tener relaciones sexuales.

Si confundimos porno con sexualidad, incrementamos el riesgo de tener experiencias que pongan en peligro nuestra salud física y emocional.

También puede producirse la erotización de la infancia, al exponer a niños y niñas a contenido sexual de forma prematura, lo cual puede impactar negativamente en su desarrollo emocional y en su percepción del sexo en el futuro.

Por tanto, si sientes curiosidad por el sexo, hay una infinidad de fuentes muchísimo más fiables que el porno: puedes hablar del tema con personas de confianza, buscar información en fuentes confiables y tener presente que el porno no representa la realidad.

El sexo es un aspecto natural y hermoso de la vida, pero es crucial que siempre se base en el respeto mutuo, el consentimiento claro y la seguridad.

¿Sabías además que identificar el sexo con lo que se ve en el porno puede causar disfunciones sexuales? Una disfunción sexual es un problema que te impide disfrutar de una relación sexual. En el caso de las mujeres, se trataría de problemas de falta de deseo sexual, de anorgasmia (ausencia de orgasmo) y de dolor a la hora de practicar la relación sexual, y en el caso de los hombres, de problemas de eyaculación precoz (eyacular antes de tiempo impidiendo disfrutar de la relación sexual) y de disfunción eréctil (incapacidad de mantener el pene en erección). Además de causar disfunciones sexuales, el consumo de porno puede afectar negativamente a la relación de la pareja, puede generar problemas de autoestima y perjudicar tanto la salud física como la mental.

Cuidar de tu salud y dignidad es primordial para que puedas disfrutar de relaciones sexuales sanas y satisfactorias en el futuro. ¡No lo olvides!

PORNO
PORNO
PORNO
PORNO
PORNO
PORNO

6

CÓMO NOS INFLUYE LA SOCIEDAD

Como personas que vivimos en sociedad, estamos expuestos a recibir contenidos poco apropiados. A veces, el ocio, como la música, los vídeos musicales, los videojuegos o los programas de televisión, puede presentar imágenes o mensajes que ponen énfasis en el sexo y la apariencia física de una manera no saludable. A esto lo llamamos **hipersexualización**. Por ejemplo, escuchamos a diario letras de canciones en las que el sexo no sano es el protagonista o videoclips en los que aparecen mujeres cosificadas o incluso maltratadas.

Todos nos venden ese cuerpo deseable que es irreal, esa relación tóxica como algo normal, esa actitud provocativa como si fuese la ideal, la deseable.

Y ¿qué pasa entonces? Pues que muchas personas acaban asumiendo que su valía como persona depende de lo sexualmente excitante que pueda ser su apariencia, basándose en unos cánones de belleza completamente irreales. También puede ocurrir que algunas personas no respeten el consentimiento porque consideren natural cosificar o que otras crean que es normal tener una relación tóxica que las hace sufrir. Por favor, recuerda que es importante valorarte a ti mismo/a por quién eres, más allá de tu apariencia física. No te creas que estas representaciones reflejan la realidad porque pueden crear expectativas poco realistas sobre la sexualidad y las relaciones.

Analicemos algunos puntos clave de la hipersexualización:

- **ESTEREOTIPOS DE BELLEZA:** los estándares de belleza varían según la cultura y la época. Sin embargo, en la sociedad actual, la imagen de atractivo sexual se asocia con características físicas específicas, como atributos sexuales prominentes y poses sugerentes. Estos estereotipos influyen en la forma en que percibimos nuestro propio cuerpo y en nuestra búsqueda de aceptación.

- **REDES SOCIALES:** las redes sociales, con sus filtros y algoritmos, fomentan la búsqueda de aprobación a través de los «me gusta». Puede que publicar contenido sexualizado genere más interacciones, pero no siempre mejora nuestra autoestima. En cambio, es fácil que cree adicción a las pantallas y afecte negativamente a la percepción que tenemos de nosotros mismos.

- **IMPACTO EN LA SALUD MENTAL:** todos tenemos necesidad de encajar y de ser aceptados. La presión por seguir los estándares de belleza y la exposición constante a contenido sexualizado pueden tener consecuencias perjudiciales para nuestra salud mental.

Te propongo que la próxima vez que veas un videoclip o escuches una canción, estés atento/a a lo que hemos comentado y te crees una opinión crítica. ¿A que sienta bien?

Por otra parte, es posible que en algún momento te hayas sentido presionado a hacer ciertas cosas o a tener ciertos gustos para no sentirte excluido o diferente. Hazme caso: escucha tu cuerpo, no hagas caso de las presiones sociales.

Tenemos derecho a hacer las cosas a nuestro propio ritmo y a darnos el tiempo que necesitemos.

EL DECÁLOGO DEL BUEN SEXO

Para finalizar, quiero compartir contigo el decálogo del buen sexo para ayudarte a tener relaciones sexuales saludables y responsables:

1

CONSENTIMIENTO: debes tener el consentimiento claro y libre de tu pareja antes de mantener relaciones sexuales. Ambos debéis estar de acuerdo y sentiros cómodos.

2

COMUNICACIÓN: habla abierta y honestamente con tu pareja sobre tus deseos, límites y expectativas. Es fundamental para tener experiencias satisfactorias.

3

AUTOCONOCIMIENTO: conoce tu propio cuerpo, tus deseos y tus necesidades sexuales antes de explorar con otra persona. Esto te ayudará a tomar decisiones informadas.

4

PROTECCIÓN: utiliza métodos de prevención (preservativos) para protegerte a ti y a tu pareja de las enfermedades de transmisión sexual y los embarazos no deseados. Recuerda, sin embargo, protegerte también de otros daños menos visibles: los daños emocionales. Prohibido tratar a las personas como si fueran cosas.

RESPETO: respeta tus límites y decisiones, y los de tu pareja. Nunca obligues a nadie a hacer algo que no desee ni tampoco lo presiones.

SALUD SEXUAL: asume la responsabilidad de tu salud sexual. Acude a las revisiones médicas necesarias y toma decisiones informadas sobre tu bienestar.

PLACER MUTUO: presta atención a las necesidades y los deseos de tu pareja. Es fundamental: el sexo debe ser una experiencia placentera y mutuamente satisfactoria.

APRENDE A DECIR «NO»: prioriza tu bienestar emocional. Si no te sientes cómodo/a o seguro/a, está bien que digas «no» y, si fuera necesario, que busques apoyo.

APRENDIZAJE CONTINUO: sigue aprendiendo y mantente informado/a sobre temas relacionados con la sexualidad y las relaciones. La educación sexual es un proceso en constante evolución.

AUTENTICIDAD: sé tú mismo/a y no te compares con los estándares imperantes en la sociedad ni trates de cumplir con las expectativas impuestas. Acepta y valora tu propia sexualidad. ¡Cuídate!

Este decálogo es solo una guía. Cada persona tiene su propio camino y sus propias experiencias. Busca siempre el apoyo de adultos de confianza para obtener información precisa y adecuada para tu edad.

Con estos conocimientos y principios, podrás abrazar tu sexualidad con sabiduría y respeto. Recuerda que cada paso que des en tu viaje es una oportunidad para crecer, aprender y explorar en un ambiente de confianza y amor.

¡Que tu camino esté lleno de alegría, respeto y descubrimiento en cada paso que des!

DESMONTANDO MITOS

Es hora de desmontar algunos mitos comunes sobre la sexualidad:

LA VIRGINIDAD: la virginidad no existe, no es algo físico que se pueda medir. Es una construcción social basada en creencias y expectativas culturales. Hay quien nace sin himen, este puede romperse por causas que nada tienen que ver con la penetración y es posible mantener relaciones sexuales y seguir conservándolo. Recuerda que lo más importante es que las relaciones sexuales sean consensuadas y respetuosas, y que las tengas cuando te sientas preparado/a.

CUANDO TE BAJA LA REGLA, TE CONVIERTES EN MUJER: esto es completamente falso. La menstruación es un proceso natural que ocurre en el cuerpo de las chicas, pero no determina tu feminidad o madurez. Cada persona se desarrolla a su propio ritmo y la transición a la edad adulta involucra otros factores además de la menstruación.

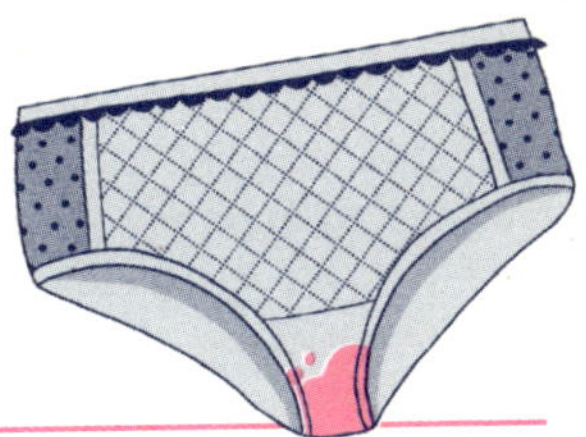

EL TAMAÑO IMPORTA: la idea errónea de que el tamaño del pene determina la satisfacción sexual es errónea. En realidad, la satisfacción depende de la conexión emocional, la comunicación y la intimidad entre los miembros de la pareja. Cada cuerpo es único y lo que importa es cómo te sientes y cómo te relacionas con tu pareja. Nunca te avergüences por el tamaño o el grosor de tu pene ni te sientas inferior a los demás.

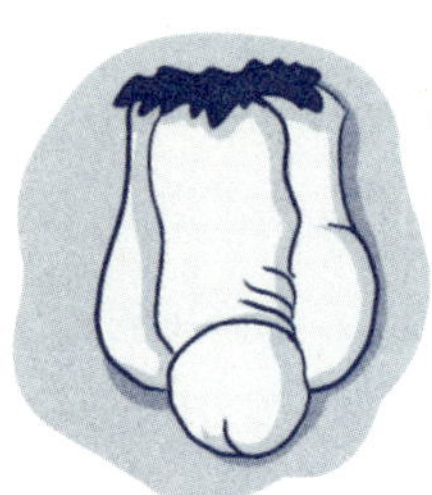

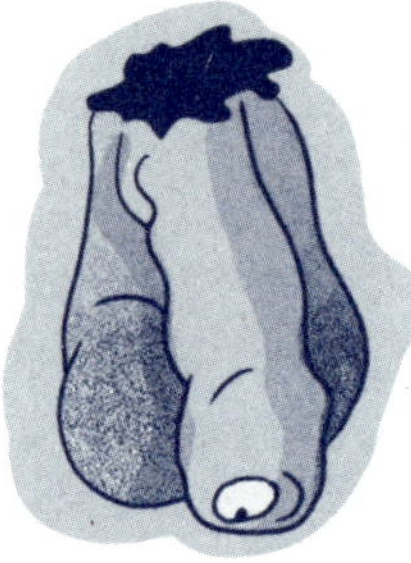

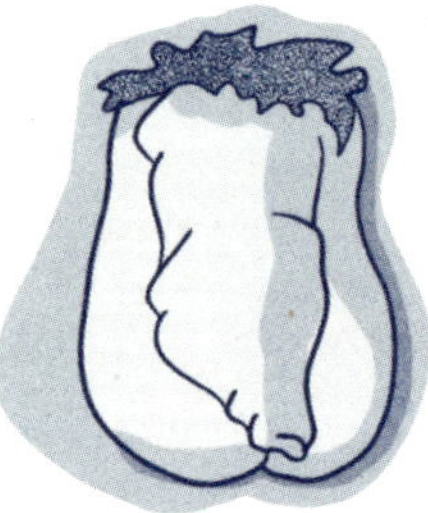

LA ORIENTACIÓN SEXUAL ES UNA ELECCIÓN: hay personas que creen que la orientación sexual se puede cambiar o elegir, pero no es algo que podamos modificar conscientemente. Es importante que respetemos y aceptemos a las demás tal como son, sin juzgar su orientación.

EXISTE UNA «NORMALIDAD» EN LA SEXUALIDAD: la diversidad sexual es amplia y variada, por eso no hay un estándar que se considere normal, es decir, no existe una forma «normal» de expresar la sexualidad. Cada persona tiene sus preferencias, deseos y límites, y eso está bien. Lo importante es respetar las decisiones y elecciones de cada individuo, cultivando siempre las tres erres. Es esencial comprender que todos somos diferentes y que no hay una única forma «correcta» de ser o sentirse mujer u hombre. Cada persona tiene su propio camino y su ritmo de desarrollo. Recuerda: lo que nos han vendido como normal es lo normativo; lo realmente normal es la diversidad. No olvides que la educación sexual basada en información precisa y libre de prejuicios es fundamental para comprender y disfrutar de nuestra sexualidad de manera saludable.

CUANDO TENEMOS SEXO EN PAREJA, DEBEMOS LLEGAR AL ORGASMO A LA VEZ: seguro que lo has oído o lo has visto en muchas películas, pero nada más lejos de la realidad.

EL ORGASMO SIEMPRE VA DE LA MANO DE LA EYACULACIÓN: pues no, no siempre. Se puede tener un orgasmo sin eyacular y eyacular sin tener un orgasmo.

LO QUE SE VE EN LAS PELÍCULAS PORNO ES REAL: imagino que a estas alturas de la lectura de este manual ya sabes que no es así, ¡para nada!

EXISTEN LOS PECHOS PERFECTOS: ¡en absoluto! Existen miles de pechos distintos en el mundo y todos son únicos y perfectos. Incluso varían en las diferentes etapas de nuestra vida. Y algo muy importante: hay personas a las que les gusta que se los acaricien, que se los estimulen..., y otras a las que no. Y todo está bien.

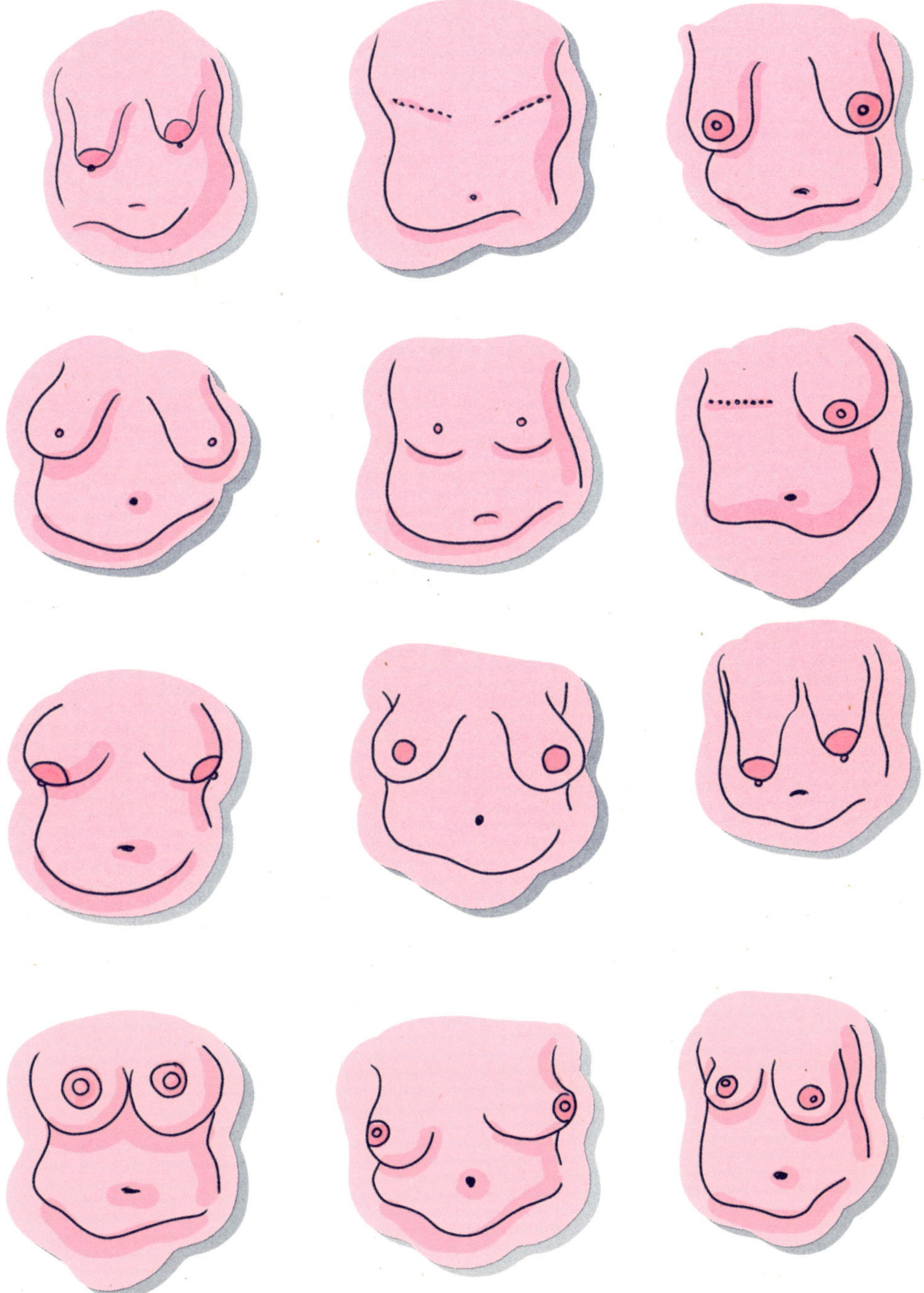

SI TENGO FANTASÍAS ES PORQUE NO ME SIENTO SATISFECHO/A: para nada. Todos tenemos derecho a imaginar situaciones sexuales y no por ello sentir que estamos defraudando a alguien ni que somos unos viciosos/as. Lo importante es saberle dar su lugar a la fantasía. Mientras no se convierta en una obsesión, no la confundas con la realidad ni te afecte negativamente en tu vida, la fantasía no es mala.

TODAS LAS RELACIONES SEXUALES ACABAN EN ORGASMO: el orgasmo es una fase de la respuesta sexual en la que se produce una descarga muy intensa de placer acompañada de una explosión de neurotransmisores y hormonas. Sin embargo, no tiene por qué estar siempre presente en las relaciones sexuales; de hecho, es posible mantener relaciones muy placenteras sin llegar al orgasmo. Los masajes eróticos, las caricias, los besos... también son relaciones íntimas y no tienen por qué acompañarse de orgasmo.

LOS CHICOS TIENEN MÁS GANAS DE SEXO Y DE MASTURBARSE QUE LAS CHICAS: ¡olvídate de eso! Dependerá de cada persona, no de su sexo.

TODAS LAS RELACIONES SEXUALES SE CENTRAN EN LOS GENITALES: del punto 11 ya habrás deducido que, del mismo modo que no todas las relaciones íntimas deben ir acompañadas del orgasmo, tampoco tienen por qué estar centradas en el contacto genital.

QUIEN BIEN TE QUIERE TE HARÁ LLORAR: seguro que has oído alguna vez esta frase. Es un refrán muy antiguo que sigue estando muy presente hoy en día. Si bien es cierto que la gente que te quiere puede hacerte daño en algún momento concreto (quizá haga algún comentario que te duela, tal vez discutáis), no querrá dañarte de manera intencionada ni frecuente. Ni te manipulará ni te amenazará con cosas como abandonarte o romper contigo cada vez que os peleéis.

¿SIGUES TENIENDO PREGUNTAS SOBRE EL SEXO Y LAS RELACIONES?

¡Es normal! Aquí doy respuesta a algunas de las preguntas más frecuentes y, si te surgieran otras, siempre puedes acudir a personas de confianza. Recuerda que la educación y la comunicación abierta son tus aliadas en este viaje de descubrimiento.

SE NOS HA ROTO EL PRESERVATIVO. ¿QUÉ HACEMOS?

Ante todo, tranquilidad. Podréis encontrar la píldora del día después en las farmacias. No necesitáis receta para comprarla y hay una que es efectiva hasta cinco días después del acto sexual. Sin embargo, no os confiéis: es recomendable que la tomes enseguida, ya que cuanto antes lo hagáis más efectiva será.

¿EL DESEO SEXUAL DESAPARECE CON LA EDAD?

El deseo sexual no es solo cosa de jóvenes y depende de muchos factores. Más que la edad, lo determinante es cómo envejezca la persona. No es lo mismo tener un envejecimiento activo y saludable que estar enfermo y débil. Es comprensible que el que se encuentra en este segundo caso no sienta el mismo deseo que el que tiene salud y energía.

¿SANGRARÉ CUANDO PRACTIQUE EL COITO POR PRIMERA VEZ?

No tienes por qué. Sin embargo, cuando el himen se rompe en ese momento a veces se sangra (aunque recuerda que hay mujeres que, a pesar de no haber mantenido nunca relaciones sexuales, carecen de himen). El sangrado, sin embargo, suele ser escaso y se resuelve espontáneamente sin problema. Si ves que es abundante y que no cesa, acude a una consulta médica para que te examinen.

¿DEBO HACER LO QUE HE VISTO EN LAS PELÍCULAS PORNO PARA QUE MI PAREJA SE SIENTA SATISFECHA?

¡Para nada! El porno no es una buena referencia. No hagas nunca lo que no quieras hacer y ten presente que el placer ha de ser mutuo. El sexo en pareja es algo muy íntimo y ante todo debe haber comunicación y aprendizaje mutuo: ambos miembros de la pareja se abren para comunicarse y compartir con el otro cómo les gusta que les toquen, qué estímulos prefieren, qué posturas...

¿ES MALO MASTURBARSE MUCHO?

No hay un número que indique lo que es normal y lo que no. En general, lo que nos indica si una práctica sexual es saludable o no no es un número, sino lo siguiente: si algo te genera obsesión, adicción o cualquier otra sensación que te impida el desempeño normal de tu vida o de tus relaciones, no es saludable. Por ejemplo: no es lo mismo masturbarse mucho y llevar una vida completamente normal que no ser capaz de contenerse y acabar masturbándose en cualquier sitio, exponiéndose e incluso faltando al respeto a los demás, o no poder mantener relaciones placenteras con la pareja porque el placer se asocia solo a la masturbación.

A VECES TENGO LA SENSACIÓN DE QUE NO ENCAJO. MIS AMIGOS ME CUENTAN QUE SE MASTURBAN UN MONTÓN DE VECES AL DÍA Y YO NO SIENTO LA NECESIDAD. ¿SOY RARO?

Para nada. Del mismo modo que no hay un número a partir del cual la práctica de la masturbación se considere excesiva, tampoco hay uno para calificarla de escasa. Cada persona tiene su ritmo, sus deseos, sus preferencias... Mientras tu vida no se vea interferida negativamente por una práctica sexual, sea la que sea, no hay ningún problema.

NO ME INTERESA MANTENER RELACIONES SEXUALES. ¿TENGO UN PROBLEMA?

No es ningún problema. Incluso hay personas que son asexuales. La asexualidad consiste en la ausencia de atracción sexual por otras personas o en una atracción muy esporádica. Esto no significa que la persona asexual carezca de sentimientos, incluso puede tener relaciones románticas en las que haya amor y cariño, pero no relaciones sexuales. Esto también es completamente válido.

MI PAREJA ME PIDE QUE COMPARTA CONSTANTEMENTE CON ELLA MI UBICACIÓN PORQUE NECESITA SABER DÓNDE ESTOY EN TODO MOMENTO. ¿ES NORMAL?

No es normal querer controlar a otra persona. Recuerda que el amor no es control.

¿ME PUEDO QUEDAR EMBARAZADA SI PRACTICO EL COITO DENTRO DEL AGUA?

Por supuesto que sí. Incluso usando preservativo, ya que en el medio acuático puede perder su eficacia (es más fácil que pueda salirse, volverse más poroso o romperse).

VERDADERO O FALSO

SE PUEDE TENER UNA ERECCIÓN EN CUALQUIER LUGAR, AUNQUE SEA UN SITIO PÚBLICO.

Puede ocurrir que tengas una erección en cualquier momento, esto no es ningún problema. Ahora bien, lo que hagas con la erección ya es tu responsabilidad. Por ejemplo, no sería aceptable que por tener una erección en el cine te masturbaras allí mismo e incomodaras o asustaras a la persona que estuviera sentada a tu lado. Somos personas, no animales; los animales tendrían sexo en cuanto tuvieran ganas, aun en público, pero los seres humanos necesitamos intimidad y respeto, tanto hacia nosotros mismos como hacia los demás.

LA MENSTRUACIÓN ES REGULAR DESDE EL PRIMER DÍA.

Es muy habitual que en los primeros años sea irregular y, en caso de que no sangres en exceso, no supone ningún problema. Si tienes la regla cada menos de 21 días y/o tus pérdidas son excesivamente abundantes, deberías acudir al médico porque esto

podría ocasionarte anemia. Si, por el contrario, tus reglas se retrasan o el sangrado es escaso, no debes preocuparte de que sean irregulares durante tus primeros años.

SI EN CLASE LE BAJA LA REGLA A ALGUNA DE TUS COMPAÑERAS Y SE LE MANCHA EL PANTALÓN, LO MEJOR QUE PUEDES HACER ES CALLARTE Y NO DECIRLE NADA.

Tenemos que normalizar pedir ayuda en estas situaciones un poco embarazosas. Siempre habrá alguien que te dé una compresa y, si hace falta, te ayude a limpiar la silla. Por suerte, cada vez se habla más de esto en los institutos y los colegios, y es menos habitual tener que pasar vergüenza por algo que no podemos controlar y que puede pasarle a cualquiera.

Si ves que alguien se encuentra en este apuro, no dudes en ayudarla y tratarla con toda normalidad para tranquilizarla si lo está pasando mal.

SI ESTÁS SIENDO VÍCTIMA DE *CIBERBULLYING* O *SEX BULLYING*, LO MEJOR QUE PUEDES HACER ES CALLARTE.

Jamás te calles ante una injusticia. Esto nunca. Hay muchas formas de parar situaciones tan injustas como estas: no permitamos que las personas agresivas y violentas se salgan con la suya. Cada vez se habla más de estos temas, la sociedad está cambiando, así que ten claro que estas situaciones las pararemos juntos. Pero para que eso sea así no puedes callarte. Eso es lo que da poder a los acosadores: nuestro silencio. Cuenta lo que ocurre a tus padres o al profesor que te inspire más confianza. Ellos te ayudarán a salir de esta situación tremendamente injusta.

SI TU PAREJA TE PIDE QUE HAGAS ALGO, TIENES QUE HACERLO, AUNQUE TE RESULTE INCÓMODO O NO TE GUSTE.

Recuerda el consentimiento y las tres erres: respeto, responsabilidad y reciprocidad. Así que, si algo no te gusta, no lo hagas ni tampoco sientas la obligación de hacerlo. Y si la otra persona insiste y no te respeta, ya sabes: cuanto antes dejes esta relación, mejor. Y si te hace algo contra tu voluntad, a la fuerza, está cometiendo un delito muy grave y hay que denunciarlo.

Hoy en día, por ejemplo, ya se considera delito quitarse el preservativo durante el acto sexual sin que la otra persona lo sepa.

HAY PERSONAS QUE NECESITAN MÁS CONTACTO FÍSICO QUE OTRAS.

Cada ser humano es único e irrepetible, de modo que hay quien necesita más contacto físico que otros, y todo está bien. Sin embargo, todos necesitamos sentirnos respetados y queridos. La forma de expresar el amor varía de una persona a otra en función de su personalidad, del tipo de apego que desarrollaron en su infancia, etc.

VER PORNOGRAFÍA TE AYUDARÁ A PREPARARTE PARA TUS PRIMERAS RELACIONES SEXUALES.

El porno nunca te va a aportar nada bueno en el sexo. El sexo se aprende conectando con la otra persona, comunicándote con ella, teniendo complicidad, estableciendo una intimidad en la que reine la seguridad y la confianza entre dos personas que se cuidan, sin dañarse ni dañar al otro. Nada de esto lo vas a ver en el porno.

PUEDES TENER RELACIONES SEXUALES CUANDO TIENES LA REGLA.

Sí se puede, aunque a algunas personas les resulta incómodo, sobre todo si el sangrado es abundante. Hacerlo o no dependerá únicamente de si a ambos miembros de la pareja les apetece. Obviamente hay que tener en cuenta que, en estas circunstancias, todavía es más importante estar en un lugar adecuado que permita ciertas «comodidades», como poner una toalla debajo.

Pero ojo: siempre hay que hacerlo con preservativo, pero aún más con la regla, porque durante la menstruación la transmisión de infecciones de transmisión sexual todavía es más fácil.

SI TENGO PAREJA, LO NORMAL ES QUE LO HAGAMOS TODO JUNTOS, ASÍ QUE, SI ME PIDE QUE DEJE DE HACER OTROS PLANES O VER A OTRAS PERSONAS PARA ESTAR JUNTOS, ES UNA SEÑAL DE QUE ME QUIERE.

Para nada. Recuerda que en una relación sana ambas personas son felices juntas y también por separado.

Estar con alguien no supone aparcar tu propia vida.